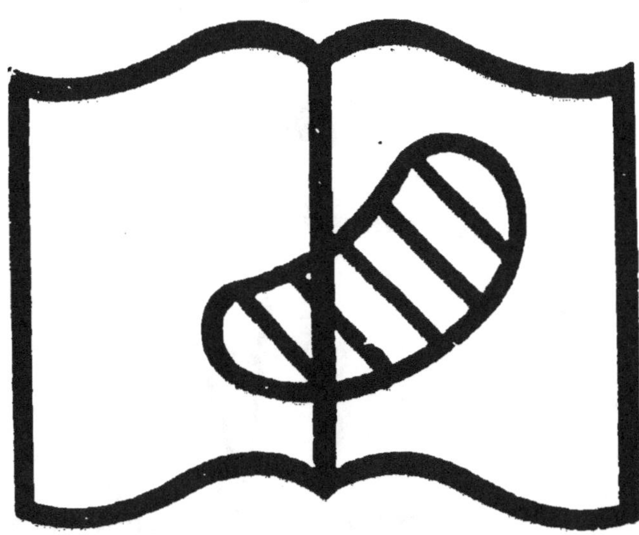

VALABLE POUR TOUT OU PARTIE DU
DOCUMENT REPRODUIT

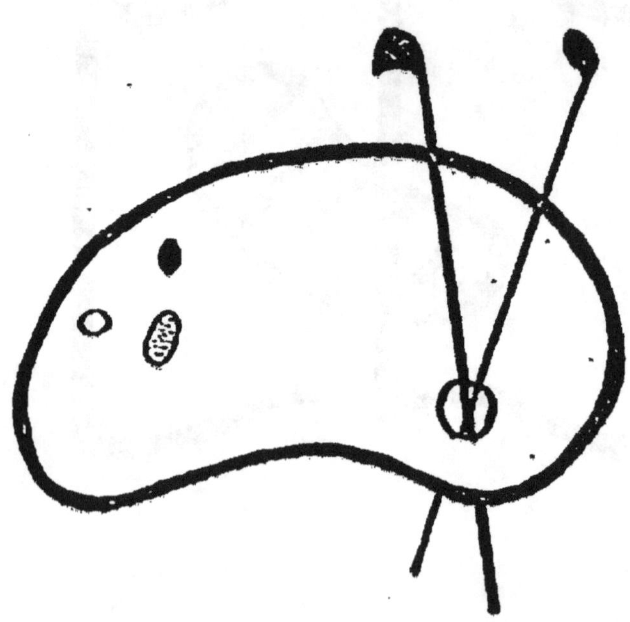
DEBUT D'UNE SERIE DE DOCUMENTS
EN COULEUR

BIBLIOTHÈQUE DU PARTI OUVRIER FRANÇAIS

LES
DEUX MÉTHODES

CONFÉRENCE

PAR

Jean JAURÈS

ET

Jules GUESDE

à l'Hippodrome Lillois

PRIX : 10 Centimes.

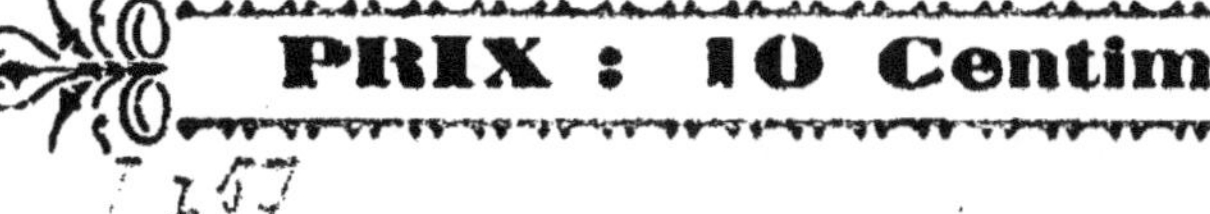

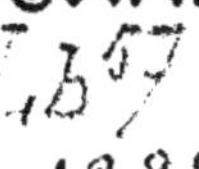

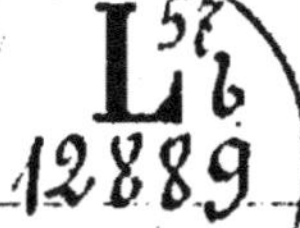

LILLE
IMPRIMERIE OUVRIÈRE P. LAGRANGE, 28, RUE DE FIVES

1900

POUR LA PROPAGANDE

4 fr. le cent -- 35 fr. le mille.

Pour recevoir franco un exemplaire, ajouter 0,05 centimes.

Pour recevoir **en gare** dans les localités desservies par le chemin de fer, ajouter au prix : pour 100 brochures 0,60 cent.; pour 200, 0,85 cent.; pour 300, 400 et 500. 1 fr. 25.

A domicile, dans les mêmes localités : pour 100 brochures, 0 85 cent.; pour 200, 1 fr. 05; pour 300, 400 ou 500, 1 fr. 50.

Pour l'étranger : le port en sus.

S'adresser à la Fédération du Nord, MAISON DU PEUPLE, 21, rue de Béthune, Lille.

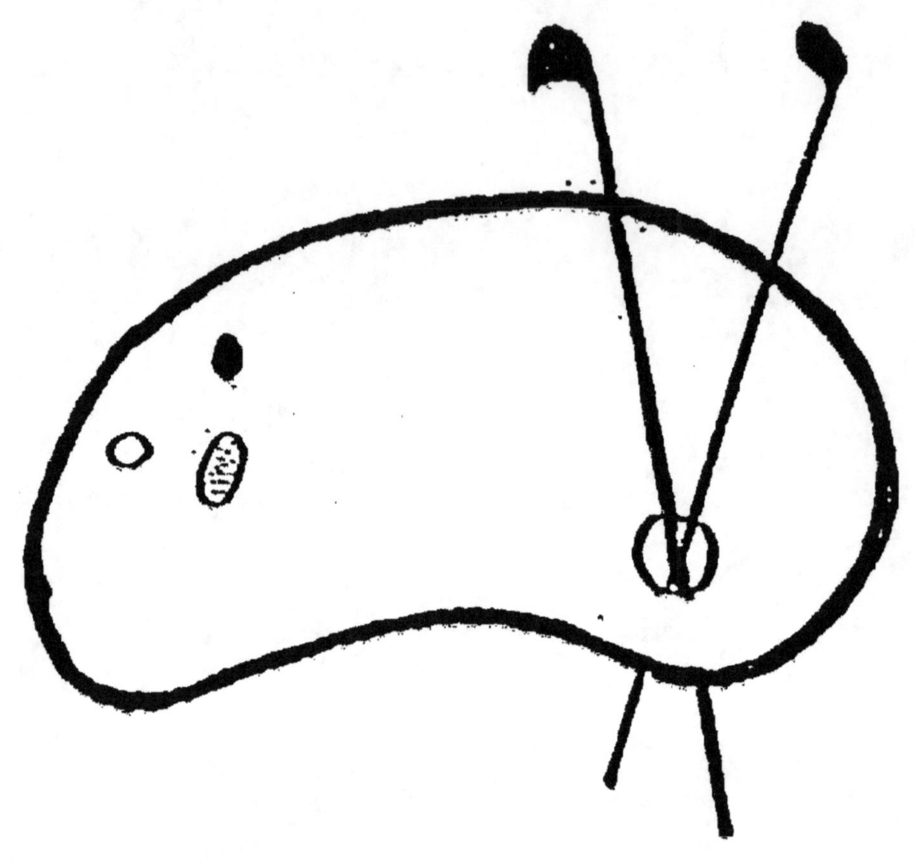

FIN D'UNE SERIE DE DOCUMENTS
EN COULEUR

LES DEUX MÉTHODES

CONFÉRENCE

PAR

Jean JAURÈS & Jules GUESDE

à l'Hippodrome Lillois

Discours du Citoyen JAURÈS

Citoyens,

Le plus grand plaisir que vous puissiez nous faire, ce n'est pas de nous acclamer, c'est de nous écouter. C'est un grand honneur pour le Parti socialiste d'instituer des débats comme celui de ce soir et je crois pouvoir dire qu'il est le seul parti qui ait assez de foi dans la puissance de ses principes, pour instituer ainsi entre ses militants un débat politique.

Nous n'avons rien à cacher, nous sommes le parti de la discipline dans l'action, prêt à nous incliner toujours pour la conduite à tenir devant la décision régulière du parti organisé, mais nous sommes en même temps le parti de la liberté, toujours à l'éveil sur les meilleurs moyens d'émanciper le prolétariat.

Je suis venu m'expliquer ici sans violence aucune, mais sans aucune réticence.

L'ORIGINE DU DISSENTIMENT

D'où est né, quand et comment, le dissentiment entre Guesde et moi? Et quand je dis Guesde et moi, il est bien entendu qu'il ne s'agit pas d'une misérable querelle personnelle. Le débat, le dissentiment entre nous est bien plus noble et en même temps plus grave, puisqu'il s'agit non pas de ces vieilles et odieuses rivalités dont ont parlé nos ennemis communs, mais d'un dissentiment de tactique et de méthode que nous avons le devoir de soumettre au parti et que le parti jugera souverainement! *(Bravos.)*

Eh bien! quand donc est né ce dissentiment? On a dit, on a répété qu'il a pris naissance à l'entrée d'un socialiste dans un ministère bourgeois, et, en effet, cet événement a aggravé, a accusé les dissentiments de méthode qui exis-

talent déjà et je m'expliquerai bientôt là-dessus, mais il ne l'a point créé. Le dissentiment existait déjà, il s'était déjà manifesté à propos de l'affaire Dreyfus.

Vous vous rappelez, en effet, que, pendant que plusieurs de nos compagnons de lutte et moi, nous étions engagés dans cette bataille, résolus à la mener jusqu'au bout, il apparut, dès le mois de juillet 1898, un manifeste du Conseil national de nos camarades du Parti ouvrier français et ce manifeste avertissait les travailleurs, avertissait les prolétaires de ne pas s'engager trop avant dans cette bataille et de réserver leurs forces pour la lutte de classe.

Plus tard, quand parut le manifeste retentissant au lendemain de l'entrée de Millerand dans le ministère, le manifeste déclarait qu'il était du devoir des socialistes, non pas seulement de parer à cet événement particulier, mais de corriger, de redresser des déviations qui, d'après le manifeste, remontaient à deux années au moins. C'était encore une condamnation nouvelle de la tactique que plusieurs d'entre nous avions suivie, à propos de l'affaire Dreyfus.

Et plus récemment, dans le discours qu'il prononçait à la mort de Liebknecht, dans la salle Vantier, Guesde, revenant sur cette question redoutable, déclarait, une fois de plus, que nous avions eu tort d'entrer dans une bataille mal engagée, — que nous avions ainsi servi les intérêts du nationalisme — non, que c'était à la bourgeoisie à réparer les erreurs de la société bourgeoise et qu'enfin, par cette lutte, nous avions déserté le terrain de la lutte de classe. J'ai donc le droit de dire, sans que nul puisse me démentir que ce n'est pas à propos de la question Millerand que le dissentiment des méthodes s'est produit pour la première fois entre nous, mais que c'est à propos de l'affaire

Dreyfus et que c'est à partir de ce moment. (*Cris de : Vive Guesde ! Silence, silence*)

Delory. — Voyons, citoyens, on vous a demandé de ne pas faire d'interruptions, écoutez ; vous serez alors libres de juger qu'elle est la méthode que vous voulez adopter.

Jaurès. — Je crois que mes paroles ne peuvent blesser personne. J'ai résumé précisément les objections dirigées contre nous par les contradicteurs et j'ai dit tout de suite : puisque, à propos de ce conflit qui a ému toute l'humanité pensante et où nous avons cru devoir prendre parti, non seulement pour défendre la personne humaine outragée, mais dans l'intérêt même du prolétariat ; puisque, à propos de ce conflit, on a dit que nous avions abandonné le terrain du socialisme, le terrain de la lutte de classe, je dis que la première question que nous devons poser est celle-ci : Qu'est-ce donc que la lutte de classe ? Que signifie ce principe si souvent invoqué et si rarement défini ?

LA LUTTE DE CLASSE

A mes yeux, citoyens, l'idée de la lutte de classe, le principe de la lutte de classe, est formé de trois éléments, de trois idées. D'abord, et à la racine même, il y a une constatation de fait, c'est que le système capitaliste, le système de la propriété privée des moyens de production, divise les hommes en deux catégories, divise les intérêts en deux vastes groupes, nécessairement et violemment opposés. Il y a, d'un côté, ceux qui détiennent les moyens de production et qui peuvent ainsi faire la loi aux autres, mais il y a de l'autre côté ceux qui, n'ayant, ne possédant que leur force de travail et ne pouvant l'utiliser que par les moyens de production détenus précisément par la classe capitaliste, sont à la discrétion de cette classe capitaliste.

Entre les deux classes, entre les deux groupes d'intérêts, c'est une lutte incessante du salarié, qui veut élever son salaire et du capitaliste qui veut le réduire ; du salarié qui veut affirmer sa liberté et du capitaliste qui veut le tenir dans la dépendance.

Voilà donc le premier élément de la lutte de classes. La condition de fait qui le fonde, qui le détermine, c'est le système de la propriété capitaliste, de la propriété privée. Et remarquez-le bien : comme ici il s'agit des moyens de travailler et, par conséquent, des moyens de vivre, il s'agit de ce qu'il y a pour les hommes d'essentiel, de fondamental, il s'agit de la vie privée, de la vie de tous les jours. Et, par conséquent, un conflit qui a, pour principe, la division d'une société en possédants et en non-possédants n'est pas superficiel ; il va jusqu'aux racines mêmes de la société, jusqu'aux racines mêmes de la vie. (*Vifs applaudissements*).

Mais, citoyens, il ne suffit pas pour qu'il y ait lutte de classe qu'il y ait cet antagonisme entre les intérêts. Si les prolétaires, si les travailleurs ne concevaient pas la possibilité d'une société différente, si tout en constatant la dépendance où ils sont tenus, la précarité dont ils souffrent, ils n'entrevoyaient pas la possibilité d'une société nouvelle et plus juste ; s'ils croyaient, s'ils pouvaient croire à l'éternelle nécessité du système capitaliste, peu à peu cette nécessité s'imposant à eux, ils renonceraient à redresser un système d'injustices. Cette tâche ne leur apparaîtrait pas comme possible. (*Interruptions*).

Delory. — Pas d'interruptions, citoyennes et citoyens. S'il y a encore des interruptions, je vais être obligé de prier les commissaires de salle de faire sortir les interrupteurs. (*Applaudissements et nouvelles interruptions*).

Citoyennes et citoyens, croyez-vous qu'il ne serait pas plus digne pour les deux personnes qui ont à parler de ne pas faire d'interruptions ? Si vous interrompez, vous avez l'air de supposer que Guesde n'est pas capable de répondre à Jaurès ; si vous interrompez Guesde, vous aurez l'air de supposer la même chose pour Jaurès.

Je crois que les deux camarades que nous avons devant nous ont assez de talent pour pouvoir nous expliquer les deux théories qui sont en présence, sans qu'il y ait des interruptions qui, ainsi que je l'ai dit au début, ne pourront que troubler la discussion. (*Applaudissements*).

Jaurès. — Donc, pour qu'il y ait vraiment lutte de classes, pour que tout le prolétariat organisé entre en bataille contre le capitalisme, il ne suffit pas qu'il y ait antagonisme des intérêts entre les capitalistes et les salariés, il faut que les salariés espèrent, en vertu des lois mêmes de l'évolution historique, l'avènement d'un ordre nouveau dans lequel la propriété cessant d'être monopoleuse, cessant d'être particulière et privée, deviendra sociale, afin que tous les producteurs associés participent à la fois à la direction du travail et au fruit du travail.

Il faut donc que les intérêts en présence, prennent conscience d'eux-mêmes, comme étant, si je puis dire, déjà deux sociétés opposées, en lutte, l'une, la société d'aujourd'hui, inscrite dans le titre de la propriété bourgeoise, l'autre, la société de demain, inscrite dans le cerveau des prolétaires.

C'est cette lutte des deux sociétés dans la société d'aujourd'hui qui est un élément nécessaire à la lutte de classe.

Et enfin, il faut une troisième condition pour qu'il y ait lutte de classe. Si le prolétariat pouvait attendre sa libération, s'il pouvait attendre la transformation de l'ordre capitaliste en ordre collectiviste ou communiste d'une autorité neutre, arbitrale, supérieure aux intérêts en conflit, il ne prendrait pas lui-même en main la défense de la cause.

C'est ce que prétendent, vous le savez, les socialistes chrétiens dont quelques-uns reconnaissent la dualité, l'antagonisme des intérêts, mais qui disent au peuple : « Ne vous soulevez pas, ne vous organisez pas, il y a une puissance bienfaisante et céleste, la puissance de l'Eglise, qui fera descendre parmi vous sans que vous vous souleviez la justice fraternelle. »

Eh bien, si les travailleurs croyaient cela, ils

s'abandonneraient à la conduite de cette puissance d'en haut et il n'y aurait pas de lutte de classe. Il n'y aurait pas de lutte de classe encore si les travailleurs pouvaient attendre leur libération de la classe capitaliste elle-même, de la classe privilégiée elle-même, cédant à une inspiration de justice.

Vous savez, citoyennes et citoyens que tant qu'a duré la période de ce que Marx et Eng-ls ont appelé le « Socialisme utopique », les socialistes croyaient que la libération du prolétariat se ferait par en haut.

Robert Owen, le grand communiste anglais, faisait appel, pour réaliser la justice sociale, aux puissances de la Sainte Alliance réunie au Congrès de Vienne. Fourrier, notre grand Fourrier, attendait tous les jours l'heure qu'il avait marquée, la venue du donateur généreux qui lui apporterait le capital nécessaire pour fonder la première communauté, et il espérait que le seul exemple de cette communauté radieuse, se propagerait de proche en proche, étendant pour ainsi dire les cercles d'organisation et d'harmonie, suffirait à émanciper et à réjouir les hommes.

Et, plus tard, à un autre point de vue, Louis Blanc s'imaginait que c'était la bourgeoisie, à condition qu'elle revînt à certaines inspirations de 1793, qui pourrait affranchir les prolétaires. A la fin de son Histoire de Dix ans, il invitait la classe bourgeoise à se constituer la tutrice du prolétariat.

Tant que le prolétariat a pu attendre ainsi des tuteurs, tuteurs célestes ou tuteurs bourgeois, tant qu'il a pu attendre son affranchissement d'autres puissances que de la sienne, d'autres forces que la sienne, il n'y a pas eu lutte de classe.

La lutte de classe a commencé le jour où, à l'expérience des journées de juin, le prolétariat a appris que c'était seulement dans sa force à lui, dans son organisation, qu'il portait l'espérance du salut.

C'est ainsi que le principe de la lutte de classe, qui suppose d'abord la division de la société en deux grandes catégories contraires, les possédant et les non-possédants ; qui suppose ensuite que les prolétaires ont pris conscience de la société de demain et de l'expérience collectiviste, c'est ainsi que la lutte de classe s'est complétée par la conviction acquise par le prolétariat qu'il devait s'émanciper lui-même et pouvait seul s'émanciper. (Applaudissements prolongés. Bravos).

LA QUESTION DE TACTIQUE

Voilà, citoyens, comment m'apparaît, comment je définis la lutte de classe et j'imagine qu'en ce point, il ne pourra pas y avoir de contradiction grave entre nous. Mais je dis que, quand vous l'avez ainsi analysée, quand vous l'avez ainsi définie, il vous est impossible d'en faire usage pour déterminer d'avance, dans le détail, la tactique de chaque jour, la méthode de chaque jour.

Oui, le principe de la lutte de classe vous oblige à faire sentir aux prolétaires leur dépendance dans la société d'aujourd'hui. Oui, il vous oblige à leur expliquer l'ordre nouveau de la propriété collectiviste. Oui, il vous oblige à vous organiser en syndicats ouvriers, en groupes politiques, en coopératives ouvrières, à multiplier les organismes de classe.

Mais il ne vous est pas possible, par la seule idée de la lutte de classe, de décider si le prolétariat doit prendre part à la lutte électorale et dans quelles conditions il y doit prendre part ; s'il peut ou s'il doit et dans quelles conditions il peut ou il doit s'intéresser aux luttes des différentes fractions bourgeoises. Il ne vous est pas possible de dire, en vertu du seul principe de la lutte de classe, s'il vous est permis de contracter ou si vous êtes tenus de répudier toutes les alliances électorales.

Ce principe si général, vous indique une direction générale ; mais il ne vous est pas plus possible d'en déduire la tactique de chaque jour, la solution des problèmes de chaque jour, qu'il ne vous suffirait de connaître la direction générale des vents pour déterminer d'avance le mouvement de chaque arbre, le frisson de chaque feuille dans la forêt.

De même, vous aurez beau connaître tout le plan de campagne d'un général, il vous sera impossible, par la connaissance générale de ce plan de campagne de déterminer d'avance tous les mouvements particuliers d'offensive ou de défensive, d'escalade ou de retraite que devra accomplir chacune des unités tactiques qui composent l'armée.

Par conséquent, au nom de la lutte de classe, nous pouvons nous reconnaître entre nous pour les directions générales de la bataille à livrer ; mais, quand il s'agira de déterminer dans quelle mesure nous devons nous engager, dans l'affaire Dreyfus, ou dans quelle mesure les socialistes peuvent pénétrer dans les pouvoirs publics, il vous sera impossible de résoudre cette question en vous bornant à invoquer la formule générale de la lutte des classes.

Dans chaque cas particulier, il faudra que vous examiniez l'intérêt particulier du prolétariat. C'est donc une question de tactique et nous ne disons pas autre chose (Applaudissements répétés).

De même, il n'est pas possible que vous prétendiez introduire le principe de la lutte des classes, en disant, comme le font souvent nos contradicteurs, que le parti socialiste doit être toujours un parti d'opposition. Je dis qu'une pareille formule est singulièrement équivoque et singulièrement dangereuse.

Oui, le parti socialiste est un parti d'opposition continue, profonde, à tout le système capitaliste, c'est-à-dire que tous nos actes, toutes nos pensées, toute notre propagande, tous nos votes doivent être dirigés vers la suppression la plus rapide possible de l'iniquité capitaliste. Mais, de ce que le parti socialiste est ainsi foncièrement, essentiellement, un parti d'opposition à tout le système social, il ne résulte pas que nous n'ayons à faire aucune différence entre les différents partis bourgeois et entre les différents gouvernements bourgeois qui se succèdent.

Ah oui ! la société d'aujourd'hui est divisée entre capitalistes et prolétaires ; mais, en même temps, elle est menacée par le retour offensif de toutes les forces du passé, par le retour offensif de la barbarie féodale, de la toute puissance de l'Église, et c'est le devoir des socialistes, quand la liberté républicaine est en jeu, quand la liberté intellectuelle est en jeu, quand la liberté de conscience est menacée, quand les vieux préjugés qui ressuscitent les haines de races et les atroces querelles religieuses des siècles passés paraissent renaître, c'est le devoir du prolétariat socialiste de marcher avec celle des fractions bourgeoises qui ne veut pas revenir en arrière. (*Applaudissements bruyants et prolongés*).

Je suis étonné, vraiment, d'avoir à rappeler ces vérités élémentaires, qui devraient être le patrimoine et la règle de tous les socialistes. C'est Marx lui-même qui a écrit cette parole admirable de netteté : « Nous, socialistes révolutionnaires, nous sommes avec le prolétariat contre la bourgeoisie et avec la bourgeoisie contre les hobereaux et les prêtres. » (*Vifs applaudissements*).

Un Citoyen. — Ce n'est pas vrai.

Delory. — Citoyens, il est regrettable qu'une pareille interruption se soit produite pour les raisons que j'ai indiquées tout à l'heure.

Jaurès. — Citoyens, j'ai reconnu le camarade qui m'a adressé cette interruption désobligeante, et je me borne à lui dire ceci : vous vérifierez avec vos amis, nous vérifierons ensemble l'exactitude de la citation que j'ai faite et, si elle est exacte, je ne vous demanderai qu'une chose comme réparation : c'est, dans une de nos prochaines réunions, de venir en témoigner loyalement à cette tribune. (*Bravos*).

Et de même qu'il est impossible au prolétariat socialiste, sans manquer à tous ses devoirs, à toutes ses traditions et à tous ses intérêts, de ne pas faire une différence entre les fractions bourgeoises les plus violemment rétrogrades et celles qui veulent au moins sauver quelques restes ou quelque commencement de liberté, il est impossible, particulièrement aux plus socialistes, de ne pas faire une différence entre les divers gouvernements bourgeois.

Je n'ai pas besoin d'insister là-dessus, et le bon sens révolutionnaire du peuple fait, lui, une différence entre le ministère Méline et le ministère Bourgeois ; il fait une différence entre le ministère d'aujourd'hui et les combinaisons nationalistes qui le guettent, et je n'en veux d'autre preuve que le vote unanime du groupe socialiste, qui, l'autre jour...

Un citoyen, ironiquement. — Pour Chalon ?

Jaurès. — Prenez garde, vous croyez m'embarrasser en me jetant ce mot.

Delory. — Citoyennes et citoyens, permettez-moi de m'adresser à un vieux camarade, fondateur du Parti, c'est-à-dire dans nos rangs depuis plus de vingt ans, pour lui dire qu'il devrait être le premier à avoir la patience d'attendre la réponse du camarade Guesde.

Vous savez la conséquence des interruptions ; j'en appelle au témoignage des camarades sincères du Parti ; qu'ils prennent garde, en commençant les interruptions, de donner la faveur à des adversaires de les continuer pour troubler la réunion. (*Applaudissements.*)

L'AFFAIRE DREYFUS

Jaurès. — J'ajoute, citoyens, pour aller jusqu'au bout de ma pensée : il y a des heures où il est de l'intérêt du prolétariat d'empêcher une trop violente dégradation intellectuelle et morale de la bourgeoisie elle-même et voilà pourquoi, lorsque, à propos d'un crime militaire, il s'est élevé entre les diverses fractions bourgeoises la lutte que vous savez, et lorsqu'une petite minorité bourgeoise, contre l'ensemble de toutes les forces de mensonges déchaînées, a essayé de crier justice et de faire entendre la vérité, c'était le devoir du prolétariat de ne pas rester neutre, d'aller du côté où la vérité souffrait, où l'humanité criait.

Guesde a dit à la salle Vantier « que ceux qui admirent la société capitaliste s'occupent d'en redresser les erreurs ; que ceux qui admirent, disait-il, le soleil capitaliste, s'appliquent à en effacer les taches. »

Eh bien ! qu'il me permette de le lui dire ; le jour où contre un homme un crime se commet ; le jour où il se commet par la main de la bourgeoisie, mais où le prolétariat en intervenant pourrait empêcher ce crime, ce n'est plus la bourgeoisie seule qui en est responsable, c'est le prolétariat lui-même ; c'est lui qui, en n'arrêtant pas la main du bourreau prêt à frapper, devient le complice du bourreau ; et alors ce n'est plus la tache qui voile, qui flétrit le soleil capitaliste déclinant, c'est la tache qui vient flétrir le soleil socialiste levant. Nous n'avons pas voulu de cette flétrissure de honte, sur l'aurore du prolétariat. (*Applaudissements et bravos prolongés.*)

Ce qu'il y a de singulier, ce qu'il faut que tout le parti socialiste en Europe et ici, sache bien, c'est qu'au début même de ce grand drame, ce sont les socialistes révolutionnaires qui m'encourageaient le plus, qui m'engageaient le plus à entrer dans la bataille.

Il faut que vous sachiez, camarades, comment devant le groupe socialiste de la dernière législature, la question s'est posée.

Quand elle vint pour la première fois, quand nous eûmes à nous demander quelle attitude nous prendrions, le groupe socialiste se trouva partagé à peu près en deux.

D'un côté, il y avait ceux que vous me permettrez bien d'appeler, ceux qu'on appelait alors les modérés du groupe. C'était Millerand, c'était Viviani, c'était Jourde, c'était Lavy, qui disaient

« Voilà une question dangereuse, et où nous ne devons pas intervenir. »

De l'autre côté, il y avait ceux qu'on pouvait appeler alors la gauche révolutionnaire du groupe socialiste. Il y avait Guesde, Vaillant et moi qui disions : « Non, c'est une bataille qu'il faut livrer. »

Ah ! je me rappelle les accents admirables de Guesde lorsque parut la lettre de Zola. Nos camarades modérés du groupe socialiste disaient : « Mais Zola n'est point un socialiste ; Zola est, après tout, un bourgeois. Va-t-on mettre le parti socialiste à la remorque d'un écrivain bourgeois ? »

Et Guesde, se levant comme s'il suffoquait d'entendre ce langage, alla ouvrir la fenêtre de la salle où le groupe délibérait, en disant : « La lettre de Zola, c'est le plus grand acte révolutionnaire du siècle ! » (*Applaudissements prolongés et répétés.*)

Et puis, lorsque, animé par ces paroles, en même temps que par ma propre conviction, lorsque j'allais témoigner au procès Zola ; lorsque, devant la réunion des colonels, des généraux dont on commençait alors à soupçonner les crimes, sans les avoir profondément explorés ; lorsque j'eus commencé à témoigner, à déposer, et que je revins à la Chambre, Guesde me dit ces paroles dont je me souviendrai tant que je vivrai : « Jaurès, je vous aime, parce que, chez vous, l'acte suit toujours la pensée. » (*Sensation prolongée.*)

Et, comme les cannibales de l'État-Major continuaient à s'acharner sur le vaincu, Guesde me disait : « Que ferons-nous un jour, que feront un jour les socialistes d'une humanité ainsi abaissée et ainsi avilie ? Nous viendrons trop tard, disait-il avec une éloquente amertume ; les matériaux humains seront pourris, lorsque ce sera notre tour de bâtir notre maison. »

Eh bien, pourquoi après ces paroles, pourquoi après ces déclarations, le Conseil national du parti, quelques mois après, au mois de juillet, a-t-il essayé de faire sortir le prolétariat de cette bataille ?

Peut-être, j'ai essayé de me l'expliquer bien des fois, les révolutionnaires ont-ils trouvé que nous tardions trop dans ce combat, que nous y dépensions trop de notre force et de la force du peuple ?

Mais qu'ils me permettent de leur dire : où sera, dans les jours décisifs, l'énergie révolutionnaire des hommes si, lorsqu'une bataille comme celle-là est engagée contre toutes les puissances de mensonge, contre toutes les puissances d'oppression, nous n'allons pas jusqu'au bout ?

Pour moi, j'ai voulu continuer, j'ai voulu persévérer jusqu'à ce que la bête venimeuse ait été obligée de dégorger son venin. (*Bravos, bravos.*) Oui, il fallait poursuivre tous les faussaires, tous les menteurs, tous les bourreaux, tous les traîtres ; il fallait les poursuivre à la pointe de la vérité, comme à la pointe du glaive, jusqu'à ce qu'ils aient été obligés à la face du monde entier de confesser leurs crimes, l'ignominie de leurs crimes. (*Longs applaudissements et bravos.*)

Et remarquez-le, le manifeste par lequel on nous signifiait d'avoir à abandonner cette bataille, parut en juillet, a précédé de quelques semaines l'aveu, qu'en persévérant, nous avons arraché au colonel Henry.

Eh bien, laissez-moi me féliciter de n'avoir pas entendu la sonnerie de retraite qu'on faisait entendre à nos oreilles ; d'avoir mis la marque du prolétariat socialiste, la marque de la Révolution sur la découverte d'un des plus grands crimes que la caste militaire ait commis contre l'humanité. (*Applaudissements.*)

Ce n'était pas du temps perdu, car, pendant que s'étalaient ses crimes, pendant que vous appreniez à connaître toutes ses hontes, toutes ses mensonges, toutes ses machinations, le prestige du militarisme descendait tous les jours dans l'esprit des hommes et sachez-le, le militarisme n'est pas dangereux seulement parce qu'il est le gardien armé du capital, il est dangereux aussi parce qu'il séduit le peuple par une fausse image de grandeur, par je ne sais quel mensonge de dévouement et de sacrifices.

Lorsqu'on a vu que cette idole si glorieusement peinte et si superbe, que cette idole qui exigeait pour le service de ses appétits monstrueux, des sacrifices de générations ; lorsqu'on a vu qu'elle était pourrie, qu'elle ne contenait que déshonneur, trahison, intrigues, mensonges, alors le militarisme a reçu un coup mortel, et la Révolution sociale n'y a rien perdu. (*Vifs applaudissements.*)

Un citoyen. — Vive Galliffet.

Jaurès. — Je dis qu'ainsi le prolétariat a doublement rempli son devoir envers lui-même. Et c'est parce que dans cette bataille le prolétariat a rempli son devoir envers lui-même, envers la civilisation et l'humanité ; c'est parce qu'il a poussé si haut son action de classe, qu'au lieu d'avoir, comme le disait Louis Blanc, la bourgeoisie pour tutrice, c'est lui qui est devenu dans cette crise le tuteur des libertés bourgeoises, que la bourgeoisie était incapable de défendre ; c'est parce que le prolétariat a joué un rôle décisif dans ce grand drame social que la participation directe d'un socialiste à un ministère bourgeois a été rendue possible.

LA QUESTION MILLERAND

De quelque manière que vous jugiez l'entrée de Millerand dans le ministère Waldeck-Rousseau ; de quelque manière que vous jugiez la tactique ainsi inaugurée et les résultats qu'elle a produits tous vous êtes d'accord pour dire qu'en tout cas, l'entrée d'un socialiste dans un ministère bourgeois est un signe éclatant de la croissance, de la puissance du parti socialiste.

Vous vous rappelez que c'est ce que proclamait, il y a un an, le citoyen Lafargue lui-même. Opposé, dès la première heure, à l'entrée de Millerand dans le ministère, il déclarait cependant que c'était là un symptôme décisif de la force croissante de notre parti.

Je me souviens qu'il y a quelques semaines, à la clôture du Congrès international, quand les délégués du Socialisme international allèrent porter une couronne au mur des Fédérés, malgré le stupide déploiement de police du préfet Lépine, le socialiste allemand Singer qui représente pourtant l'extrême-gauche du mouvement allemand ; qui avait été le seul de ses camarades à voter contre la motion transactionnelle de Kautsky, le citoyen Singer disait : « On ne peut approuver l'entrée d'un socialiste dans un ministère bourgeois, et pour ma part, tout le monde le sait, je blâme l'entrée de Millerand dans un ministère bourgeois ; mais je ne puis cependant ne pas dire que, tandis qu'il y a trente années, la bourgeoisie fusillait ici les prolétaires, le parti socialiste a tellement grandi, qu'en une heure de péril, pour sauver les libertés élémentaires, la bourgeoisie est obligée d'appeler un des nôtres. »

Donc, il n'y aura pas sur ce point de doute entre nous. Quelque jugement que nous portions sur le fond même de la chose, nous serons unanimes à proclamer devant tous les partis bourgeois qu'el e atteste la force croissante de notre parti.

Maintenant est-il juste, est-il sage, est-il conforme au principe, qu'un socialiste participe au gouvernement de la bourgeoisie ?

Citoyens, l'heure est venue, il me semble, de discuter cette question avec calme. Jusqu'ici nous ne l'avons discutée que dans les tempêtes et pour ma part — ne vous fâchez pas de ce ressouvenir — si je me reporte au Congrès de décembre, il y a un an, et au Congrès plus récent de la fin de septembre, je me rappelle avoir entendu des arguments à coup sûr, mais aussi beaucoup de cris variés de Galliffet ! Châlon ! La Martinique !...

J'imagine que nous avons cessé de discuter de cette façon, parce que, prenez-y garde, ces procédés de discussion, au moyen desquels on a prétendu nous frapper, pourraient blesser vos amis eux-mêmes. Vous nous avez crié « Galliffet » pour signifier qu'en approuvant l'entrée de Millerand au ministère, nous étions ainsi, pour ainsi dire, responsables et solidaires de tous les actes passés de Galliffet.

Prenez-y garde, camarades, qui me faites un signe d'interruption silencieux dont je vous remercie, puisqu'il m'avertit sans troubler l'ordre de l'assemblée, prenez-y garde.

Vous autres, ici, à Lille, les travailleurs lillois, deux mois après l'entrée de Millerand au ministère, vous l'avez reçu ici, vous l'avez fêté ici, vous l'avez acclamé ici, et j'imagine, quoi qu'il fût dès lors le collègue de Galliffet, que vous ne vouliez pas acclamer en même temps Galliffet lui-même. Par conséquent, ne

nous envoyez pas une flèche qui rebondirait vers vous. (*Très bien ! Très bien ! Bravos.*)

Et maintenant, je ne veux dire que quelques mots des douloureux événements de la Martinique et de Chalon ; mais laissez-moi rappeler à ceux de nos camarades qui se laissent emporter jusqu'à en faire un grief contre nous qu'ils commettent une confusion étrange.

Lorsqu'on soutient un ministère dans la société bourgeoise, même un ministère où il y a un socialiste, cela n'implique pas qu'on ait la naïveté d'attendre de ce ministère et d'aucun ministère bourgeois, l'entière justice et l'entière déférence aux intérêts du prolétariat. Nous savons très bien que la société capitaliste est la terre de l'iniquité et que nous ne sortirons de l'iniquité qu'en sortant du capitalisme.

Mais nous savons aussi qu'il y a des ennemis plus forcenés dans la société bourgeoise, des adversaires plus haineux et plus violents les uns que les autres ; et lorsque nous soutenons un ministère, ce n'est pas pour ce ministère, c'est contre les autres plus mauvais qui voudraient le remplacer pour vous faire du mal.

Alors c'est une injustice meurtrière de nous reprocher les fautes, les erreurs ou les crimes de ceux que nous ne soutenons que pour empêcher des crimes plus grands. (*Vifs applaudissements.*)

Laissez-moi vous dire, pour la Martinique, qu'à peine le massacre du François fut-il connu en Europe et lorsqu'arrivèrent les premières lettres à nos amis et les premiers rapports au gouvernement. le groupe socialiste des Antilles, réuni à Paris, fit une démarche auprès du ministre.

Il lui demanda trois choses : il lui demanda le déplacement des magistrats qui avaient le plus brutalement condamné les grévistes ; il lui demanda la disgrâce, la peine disciplinaire la plus forte contre l'officier Kahn, contre l'officier meurtrier.

Une voix. — Il fallait le fusiller !

Jaurès. — Et il demanda enfin la mise en liberté immédiate de tous les prolétaires noirs condamnés pour faits de grève.

L'officier a été frappé, les juges ont été déplacés et, par câble, l'ordre a été donné de remettre en liberté tous les ouvriers grévistes condamnés. (*Bravos.*)

En ce qui concerne les grèves de France, je ne dis qu'une chose : Le gouvernement a adopté une tactique, dont, malgré tout, dans l'avenir, s'ils savent l'imposer toujours, les prolétaires pourront bénéficier : c'est de ne pas dessaisir de la police les municipalités.

Vous savez bien que les patrons de Marseille, comme M. Thierry, ont fait grief au gouvernement de n'avoir pas enlevé la police au maire socialiste de Marseille, à notre ami le citoyen Flaissières.

A Chalon c'est le crime de la municipalité interdisant le cortège qui a été la cause de la bagarre et l'occasion du meurtre.

Malgré tout, parce que nous savons que les prolétaires auront plus de garantie, si ce sont les municipalités élues par eux, vivant au milieu d'eux qui gardent la police, il faut persister à demander que la police soit laissée aux mains des municipalités.

Et laissez-moi vous le dire, si vous aviez le droit, parce que nous avons soutenu contre le nationalisme, contre la réaction, le ministère Waldeck-Rousseau, si vous aviez le droit de nous accuser de je ne sais quelle complicité dans les crimes de la Martinique et de Chalon, que diriez-vous à vos amis eux-mêmes ?

Quoi ! vous avez réuni sur cette estrade, et je vous demande la permission de parler en toute liberté, — vous avez réuni sur cette estrade les maires du Parti Ouvrier Français. Eh bien ! je vous le demande, si la politique du gouvernement pouvait se caractériser par la Martinique et par Chalon, si ces crimes-là en étaient l'expression vraie et la caractéristique, que diriez-vous des municipalités élues qui auraient accepté, comme l'ont fait les vôtres — et elles ont eu raison — d'aller rompre le pain de l'hospitalité, au même banquet que les gouvernants meurtrier ?

Quoi ! le maire de Lille, le citoyen Delory, le maire de Fourmies, — de Fourmies ! la ville assassinée — tous ces maires élus, tous ceux qui portent en eux la responsabilité de la cité vont s'asseoir à la même table que Waldeck-Rousseau, et lorsque la Chambre est rentrée, lorsque le Parlement est réuni, lorsqu'il y a une interpellation sur la politique générale, lorsqu'il ne s'agit plus seulement de Chalon et de la Martinique, mais de Sipido, ignominieusement expulsé, mais de Morgari chassé ; lorsqu'il s'agit de tout cela, telle est pourtant la force des choses, tel est l'intérêt suprême du prolétariat à ne pas se livrer à la réaction nationaliste et cléricale, que tous vos élus, tous, tous, Zévaès qui est ici, comme Vaillant, tous ont donné un vote de confiance au gouvernement.

Prenez garde, si vous dites Chalon et La Martinique, ce n'est pas moi seul que vous frapperez ! (Vifs applaudissements et bravos.)

Nous pouvons donc, nous élevant au-dessus de ces polémiques personnelles et de ces luttes fratricides, nous pouvons regarder la question de principe en elle-même et pour elle-même.

Je me permets de vous dire avec l'assurance peut-être présomptueuse de n'être pas démenti par les années qui vont venir, je me permets de vous dire que toutes les fois que le parti socialiste en Europe, depuis trente ans, a essayé une forme nouvelle d'action, toutes les fois qu'il a renoncé à son abstention première, qualifiée révolutionnaire, pour entrer dans l'action et se mêler aux événements, toujours il y a eu des intransigeants qui ont adressé au parti socialiste les reproches, que quelques-uns d'entre vous adressent aujourd'hui à la participation d'un socialiste à un gouvernement bourgeois.

TACTIQUE

Ah ! citoyens, depuis trente ans, le Parti socialiste a fait du chemin dans le monde. Il s'est mêlé à beaucoup d'événements, à beaucoup d'institutions en dehors desquelles il se tenait d'abord. Nous discutons aujourd'hui pour savoir si le Parti socialiste peut participer, par un des siens, au gouvernement bourgeois, mais nous sommes tous d'accord pour dire que le Parti socialiste doit participer à l'action parlementaire.

N'allez pas pourtant vous imaginer, camarades, qu'il en a toujours été ainsi. Il y a eu dans l'histoire du parti socialiste depuis trente ans, un moment où ceux qui conseillaient l'entrée des socialistes dans le Parlement étaient combattus aussi violemment, dénoncés aussi âprement que nous, nous le sommes aujourd'hui.

Ecoutez, je vous prie, ce qu'écrivait, en 1869, le grand socialiste démocrate dont l'humanité socialiste a pleuré la mort, le citoyen, le compagnon Wilhelm Liebknecht.

En 1869, au moment où venait d'être créé depuis deux ans déjà le suffrage universel en Allemagne, pour le Parlement de la confédération de l'Allemagne du Nord, Liebknecht a écrit une brochure pour chercher ce que les socialistes pouvaient et devaient faire au Parlement.

Non seulement il ne voulait pas qu'on s'y occupât d'action réformatrice, mais il considérait que la tribune parlementaire était inutile, même pour les discours de pure propagande et il disait :

« Nos discours ne peuvent avoir aucune influence directe sur la législation ; nous ne convertissons pas le parlement par des paroles, par nos discours nous ne pouvons jeter dans la masse des vérités qu'il ne soit possible de mieux divulguer d'une autre manière.

» Quelle utilité pratique offrent alors les discours au Parlement ? Aucune ; et parler sans but, constitue la satisfaction des imbéciles.

» Pas un seul avantage.

» Et voici de l'autre côté les désavantages : Sacrifice des principes, abaissement de la lutte politique, réduite à une escarmouche parlementaire ; faire croire au peuple que le Parlement Bismarkien est appelé à résoudre la question sociale serait une imbécilité ou une trahison. »

Voilà comment, en 1869, apparaissait aux socialistes démocrates l'action même, l'action de propagande de nos élus dans le Parlement. J'imagine que vous avez reconnu là, appliquées à un objet différent, les condamnations que l'on porte contre nous à propos de l'entrée d'un socialiste dans un ministère bourgeois.

Quelques années après, pourtant, entraîné par l'irrésistible mouvement des choses, non seulement Liebknecht demeurait un combattant à l'assemblée de l'Empire, mais il entrait au Landtag saxon, où on ne peut entrer qu'en prêtant le serment de fidélité à la constitution royale et bourgeoise :

« Je jure devant Dieu » (*Exclamations ironiques de plusieurs côtés*).

Delory. — Citoyennes et citoyens, le besoin d'interruption place les interrupteurs dans une mauvaise posture puisque Jaurès n'a fait qu'une citation. (*On rit*).

Jaurès. — Mais, voyez, citoyens, à quel malentendu extraordinaire peuvent conduire les préventions que nous avons les uns contre les autres. Je viens de vous annoncer qu'on ne pouvait entrer au Landtag sans prêter un serment de fidélité au roi de Saxe; je vous rappelle, je vous décris la formule du serment prêté par Liebknecht pour entrer au Landtag de Saxe, et voilà des camarades un peu pressés qui ne sont pas fâchés de me taxer de cléricalisme. (*Hilarité*).

Représentez-vous bien que c'est Liebknecht qui parle :

« Je jure devant Dieu, d'être inébranlablement fidèle à la Constitution et de servir, selon ma conscience, par mes propositions et mes votes, l'intérêt inséparable du roi et de la patrie. Ainsi Dieu me soit en aide. »

Il se trouva à ce moment, camarades, des purs, des intransigeants qui accusèrent Liebknecht, envers la démocratie socialiste, d'avoir prêté ce serment en vue d'occuper un siège au Landtag et Liebknecht, l'admirable révolutionnaire, répondait avec raison : « Mais alors? nous serons éternellement les dupes des dirigeants, s'il leur suffit de mettre sur notre route cet obstacle de papier d'une formule de serment?

Et moi je vous demande, lorsqu'on fait un crime à un ministre socialiste d'avoir accepté ce que j'appellerai la formalité ministérielle de l'apparente solidarité de vote avec ses collègues du Cabinet, je vous demande si cette formalité est plus humiliante pour le Parti socialiste de France que ne l'était, pour les révolutionnaires socialistes d'Allemagne, le serment prêté devant Dieu d'être fidèles au roi?

Je vous demande si, nous aussi, nous nous arrêterons devant ces obstacles de papier, devant ces formalités et ces chinoiseries, et si nous hésiterons, quand il le faudra pour notre cause, à jeter un des nôtres dans la forteresse du gouvernement bourgeois. (*Non, non. Bravos*).

Mais ce n'est pas tout et une autre question, très délicate aussi... Mais j'oublie l'heure... Citoyens, j'ai du remords d'être long. (*Parlez! Parlez!*

Je vais céder la parole à Guesde.

Delory. — En un quart d'heure, vous aurez fini.

Camarades, nous vous demandons un peu de patience. Il est certain que la question est suffisamment grave pour que nous sacrifiions quelques minutes de notre temps. Le camarade Jaurès va essayer de résumer le plus brièvement possible pour permettre à Guesde de répondre. (*Bravos*).

Jaurès. — J'ai dit qu'une question aussi difficile s'était posée devant les socialistes allemands à propos de la participation aux élections au Landtag de Prusse.

Là, il n'y a pas de suffrage universel, il y a trois classes d'électeurs ; c'est un véritable cens et le système électoral est combiné de telle sorte que les socialistes tout seuls ne peuvent jamais faire entrer l'un des leurs dans l'assemblée élective de Prusse. Ils ne le peuvent qu'en contractant des alliances ou, comme ils disent, des compromis avec les partis bourgeois.

En 1893, sur un rapport de Bebel, les démocrates socialistes allemands déclarèrent ce qui suit au Congrès de Cologne :

« Considérant qu'il est contraire aux principes observés jusqu'ici par le parti, de s'engager dans des compromis avec des partis ennemis, parce que ceux-ci conduiraient nécessairement à la démoralisation, aux querelles et aux divisions dans leurs propres rangs, le Congrès déclare :

« C'est le devoir des membres du Parti en Prusse de s'abstenir entièrement de prendre part aux élections pour le Landtag, sous le régime électoral actuel. »

Mais ils ne tardèrent pas à s'apercevoir qu'en s'abstenant de prendre part aux élections, ils laissaient écraser la bourgeoisie libérale par les partis rétrogrades et que les droits du prolétariat, droits d'association, droits de coalition étaient menacés.

En 1897, à Hambourg, en 1898, à Stuttgard, en 1899, ils commençaient à permettre aux socialistes de Prusse de prendre part aux élections du Landtag prussien.

Et enfin cela ne suffit pas, et le même Bebel qui, en 1893, avait demandé au Parti d'interdire à tous ses membres la participation aux élections du Landtag de Prusse, le même Bebel, comprenant la faute qui avait été commise, l'erreur de tactique qui avait été faite, demanda, en 1900, au Congrès de Mayence, un vote ferme.

Au Congrès de Mayence, sept ans après l'interdiction portée, le parti socialiste allemand a donné l'ordre aux socialistes prussiens de prendre part aux élections du Landtag de Prusse.

Et pourtant, c'est au nom de la lutte de classe, c'est au nom de la tactique de parti qu'en 1893, on interdisait aux socialistes allemands de prendre part aux élections du Landtag.

Puis on a vu que la lutte de classe obligeait le prolétariat à défendre ses libertés élémentaires mêmes, s'il le faut, en se coalisant avec la fraction libérale de la bourgeoisie et là où on avait dit « NON » on a dit « OUI » et on a donné un ordre. Les accuserez-vous d'avoir trahi? (*Vifs applaudissements*).

Et moi, je vous dis, sans pouvoir vous donner maintenant toutes mes raisons, que de même l'heure viendra où le parti socialiste unifié, organisé, donnera l'ordre à l'un des siens ou à plusieurs des siens, d'aller s'asseoir dans les gouvernements de la bourgeoisie pour contrôler le mécanisme de la société bourgeoise, pour résister le plus possible aux entraînements des réactions, pour collaborer le plus possible aux œuvres de réforme.

L'UNITÉ

Citoyens et amis, j'ai abusé de votre bienveillante attention et je ne me consolerai pas de brusquer ainsi ma démonstration, de la laisser incomplète, pour céder à Guesde mon tour de parole, si je me disais qu'après tout, quels que soient les dissentiments, quels que soient les difficultés, quelles que soient les polémiques d'un jour entre socialistes, on se retrouve.

Nous reviendrons, non plus pour batailler, non plus pour polémiquer, mais quand le Parti sera organisé, pour chercher ensemble, en loyaux camarades, quel est le meilleur moyen de servir les intérêts du parti. Ah! on dit au Parti : « Restez isolés, restez à l'écart, ne vous mêlez pas à l'action gouvernementale; tenez-vous aussi loin que possible de l'état bourgeois. »

Et moi je vous dis que toutes les grandes révolutions ont été faites dans le monde, parce que la société nouvelle, avant de s'épanouir, avait pénétré par toutes les fissures, par toutes ses plus petites racines, dans le sol de la société ancienne.

L'autre jour Kautsky nous raillant un peu nous disait : « Mais vous imaginez-vous conquérir le pouvoir gouvernemental de l'État, en conquérant portefeuille par portefeuille? C'est comme si, au temps de la Réforme les protestants s'étaient imaginés qu'ils allaient conquérir le monde, en conquérant un cardinal après l'autre, dans le sacré Collège. »

J'en demande pardon à Kautsky; ce qui a fait la force des hérésies, des grandes révoltes de la conscience religieuse indépendante, au douzième et au treizième siècles, ce qui fit ensuite la force de la Réforme, c'est précisément qu'elle a surgi en s'emparant d'une partie même du pouvoir de l'ancienne Eglise ; c'est qu'il y a eu, au seizième siècle, une période où les fidèles ne savaient plus au juste si leurs cardinaux, évêques ou moines étaient restés avec le pape ou étaient allés avec Luther.

L'Eglise l'a si bien senti, elle a si bien compris que le péril pour elle était dans cette pénétration, que l'ordre des jésuites, qui s'est constitué pour la sauver, s'est donné pour mot d'ordre de pénétrer partout et d'être, lui, impénétrable à tous.

L'Eglise s'est sauvée pour des siècles en se fermant à l'action de la société nouvelle. Mais ce que l'Eglise a pu faire, la démocratie bourgeoise ne peut pas le faire : elle ne pourra se fermer; elle vous a laissé déjà pénétrer dans les municipalités.

On parle des responsabilités qu'assume un ministre socialiste dans un ministère bourgeois; mais est-ce que vos élus municipaux n'assument pas des responsabilités?

Est-ce qu'ils ne sont pas une partie de l'état bourgeois? Mais le suffrage universel qui le nomme, il est réglé, il est limité par la loi bourgeoise.

Et si je voulais triompher du point de vue intransigeant où se placent quelques-uns de vos amis, comme je pourrais vous rappeler que vous acceptez ainsi le pouvoir municipal d'un suffrage universel, d'où la loi bourgeoise en excluant les assistés ou les ouvriers errants, a exclu les plus pauvres des prolétaires; comme je pourrais vous dire que le maire socialiste, tout socialiste qu'il est, peut être suspendu par le pouvoir central, et pour un an n'être pas rééligible; comme je pourrais vous dire qu'il accepte forcément parce qu'il est maire, d'appliquer, d'administrer un grand nombre de lois bourgeoises, comme je pourrais vous dire que s'il se produit des conflits violents dans vos rues, il est obligé, lui aussi, sous peine de laisser dire que le socialisme c'est le pillage et le meurtre, de faire appel à la force publique.

Et voyez, à Marseille, ces jours-ci, quelle responsabilité pesait sur le maire socialiste En assistant au débarquement de Krüger et, en protégeant les étrangers anglais contre les violences possibles de la foule, il n'était plus le maire socialiste de Marseille, il était chargé de la sécurité du renom de la France entière devant le monde.

Ah ! ce serait trop commode d'être maire socialiste si on n'était pas obligé en même temps, de compter avec toutes ces responsabilités! Mais c'est parce que la tâche est lourde, c'est parce qu'on est tout ensemble une fraction du prolétariat conquérant, et une fraction de l'Etat bourgeois.

C'est pour cela qu'il ne suffit pas d'un mécanisme pour faire aller la mairie socialiste, qu'il y faut des hommes de tête, des hommes de prudence, de pensée et de réflexion, d'équilibre et de volonté, des hommes comme Flaissières, des hommes comme Delory. (*Bravos répétés. Cris : Vive Delory*).

Oui, à mesure que grandit le pouvoir du Parti socialiste, grandit sa responsabilité.

Mais de cette responsabilité, nous n'avons pas peur, le Parti socialiste n'en a pas peur; il a confiance dans la classe ouvrière, à une condition, c'est qu'elle soit organisée, c'est qu'elle soit unifiée; c'est qu'en face de tous les autres partis anarchiques et discordants, elle ne forme qu'un parti, comme elle ne forme qu'une classe.

Eh! oui, il y aura entre nous, longtemps peut-être, des dissentiments de méthode et de tactique. Mais il y en a en Belgique, en Allemagne; cela ne les empêche pas d'être unis, de discuter loyalement, cordialement, en camarades.

Et c'est ainsi que nous voulons discuter encore; et nous voulons préparer au grand jour la grande unité socialiste, la grande fraternité socialiste, par la lumière, par la raison, par l'organisation; et cela pour faire d'abord œuvre de réforme, et dans la réforme, œuvre commençante de révolution ; car je ne suis pas un modéré, je suis avec vous un révolutionnaire.

Discours du Citoyen GUESDE

Citoyennes, Citoyens, Camarades,

Laissez-moi, tout d'abord, remercier Jaurès d'avoir aussi bien posé la question, la seule question pour la solution de laquelle vous êtes réunis ce soir. Jaurès a dit la vérité, au point de vue historique de nos divergences, lorsque, allant au-delà de la participation d'un socialiste à un gouvernement bourgeois, il est remonté jusqu'à ce qu'on a appelé l'affaire Dreyfus.

Oui, là est le principe, le commencement, la racine d'une divergence qui n'a fait depuis que s'aggraver et que s'étendre.

LA LUTTE DE CLASSE

Jaurès a eu raison également, lorsqu'il a commencé par vous fournir l'élément indispensable de tout jugement, lorsqu'il vous a rappelé la société actuelle divisée en classes nécessairement antagoniques et en lutte ; il a eu raison de vous dire que c'était en vous plaçant sur ce terrain, le seul terrain socialiste, que vous pouviez vous prononcer entre lui et nous.

Seulement, à mon avis, il a été très imprudent en invoquant ce qu'il appelle un principe, et ce que j'appelle, moi, un fait : la lutte de classe. Oh ! il vous l'a très bien définie, il vous l'a montré sévissant dans tous les ateliers, sur le terrain économique ; il vous l'a montrée comme moyen indispensable, le jour où elle est transportée et systématisée sur le terrain politique, pour en finir avec les classes, pour affranchir le travail et pour affranchir la société ; mais ensuite, il vous a dit : « cette lutte de classe que nous venons de reconnaître positivement et de proclamer théoriquement, cette lutte de classe, nous allons commencer par la laisser de côté, comme ne pouvant pas déterminer notre conduite, notre politique, notre tactique de tous les jours. » De telle façon qu'il assimilait la lutte de classe au paradis des chrétiens et des catholiques, que l'on met si loin, si en dehors de tout, qu'il n'influe pas sur la vie quotidienne, ne dirigeant, ni les volontés, ni les actes des chrétiens et des catholiques d'aujourd'hui, réduit qu'il est à un simple acte de foi dans le vide.

La lutte de classe, telle que l'a très bien définie Jaurès, si elle ne devait pas déterminer votre conduite de tous les jours, la politique de la classe ouvrière, la tactique nécessaire du prolétariat organisé en parti de classe, serait un mensonge et une duperie : elle est pour nous,

elle doit être au contraire la règle de nos agissements de tous les jours, de toutes les minutes. *(Bravos vifs et répétés.)*

Nous ne reconnaissons pas la lutte de classe, nous, pour l'abandonner une fois reconnue, une fois proclamée ; c'est le terrain exclusif sur lequel nous nous plaçons, sur lequel le Parti ouvrier s'est organisé, et sur lequel il nous faut nous maintenir pour envisager tous les événements et pour les classer.

PREMIÈRE DÉVIATION

On nous a dit : La lutte de classe existe ; mais elle ne défendait pas, elle commandait au contraire au prolétariat, le jour où une injustice avait été commise, le jour où une condamnation inique était venue atteindre un membre de la classe dirigeante, elle faisait un devoir, une loi aux travailleurs, d'oublier les iniquités dont ils sont tous les jours victimes, d'oublier les monstruosités qui se perpètrent tous les jours contre leurs familles, contre leurs femmes et contre leurs enfants.

Ils devaient oublier tout cela ; c'était des injures anonymes, des iniquités anonymes, ne pesant que sur la classe ouvrière — qui ne compte pas. Mais le jour où un capitaine d'état-major, le jour où un dirigeant de la bourgeoisie se trouvait frappé par la propre justice de sa classe, ce jour-là, le prolétariat devait tout abandonner, il devait se précipiter comme réparateur de l'injustice commise.

Je dis que la lutte de classe ainsi entendue — je reprends mon mot de tout à l'heure — serait une véritable duperie. Ah ! Jaurès a fait appel à des souvenirs personnels, il vous a raconté ce qui s'était passé dans le groupe socialiste de la Chambre des députés à la fin de la législature de 1893-1898 ; à ce moment-là, c'était à l'origine de l'affaire, elle était, on peut le dire, encore dans l'œuf, Jaurès vous a dit qu'il y avait les modérés — dont il n'était pas — et qu'il y avait l'extrême gauche, les avancés, dont il était, et qu'à ce moment Guesde lui-même poussait à une intervention du groupe socialiste dans une affaire qui n'avait pas encore revêtu le caractère individuel ou personnel.

C'est alors, comme vous l'a dit Jaurès, que j'ai protesté contre l'attitude des modérés : mais savez-vous quel était leur langage ? Jaurès aurait dû l'apporter à cette tribune. Les modérés ne voulaient pas qu'on se mêlât à l'affaire, parce que, disaient-ils, nous sommes à la veille des élections générales et que l'on pourrait ainsi compromettre notre réélection. Et ils ajoutaient: « Ah! si nous avions encore devant nous une ou deux années avant que le suffrage universel ait la parole, nous pourrions alors examiner la question en elle-même et décider si l'intérêt, si le devoir du Parti est d'intervenir. »

C'est contre cette lâcheté électorale, contre ces hommes qui ne pensaient qu'à leur siège de député que j'ai protesté. (*Vifs applaudissements*), et que j'ai dit autre chose encore, car j'ai été plus loin: j'ai dit que si le suffrage universel, utilisé par le prolétariat, devait aboutir à une simple question de réélection, de fauteuils législatifs à conserver, j'ai dit qu'il vaudrait mieux rompre avec la méthode parlementaire et nous cantonner dans l'action exclusivement révolutionnaire.

Est-ce vrai, Jaurès? N'est-ce pas le langage que j'ai tenu? (*Bravos répétés. -- Mouvements divers.*)

Permettez, camarades, que j'entre dans le détail. Jaurès était avec moi alors...

Jaurès. -- C'est très bien, c'est très juste.

NOTRE ATTITUDE

Guesde. -- Mais à ce moment-là, camarades, de quoi s'agissait-il? S'agissait-il de diviser le prolétariat en dreyfusards et en anti-dreyfusards; de poser devant la classe ouvrière ce rébus de l'innocence ou de la culpabilité d'un homme? Car, dans ces termes c'était, et c'est resté un véritable rébus, les uns jurant sur la parole d'un tel, les autres sur la parole d'un autre, sans que jamais vous ayez pu pénétrer dans cet amas de contradictions et d'obscurités pour vous faire, par vous-mêmes, une opinion. Il ne s'agissait pas d'affirmer, de jurer que Dreyfus était innocent; il ne s'agissait pas surtout d'imposer au prolétariat le salut d'un homme à opérer, lorsque le prolétariat a sa classe à sauver, a l'humanité entière à sauver! (*Longs applaudissements.*)

C'était à propos du procès Zola, lorsque nous avons assisté à ce scandaleux inoubliable d'un chef d'état-major général, de galonnés supérieurs, venant devant la justice de leur pays et jetant dans la balance leur épée ou leur démission en disant: « Nous ne resterons pas une minute de plus à notre poste, nous abandonnerons, nous livrerons la défense nationale, dont nous avons la charge, si les jurés se refusent au verdict que nous leurs réclamons. »

Dans ces circonstances, j'ai dit à Jaurès que si une République, même bourgeoise, s'inclinait devant un pareil ultimatum du haut militarisme, c'en était fait de la République; et j'ai ajouté: « Il nous faut monter à la tribune; il nous faut demander l'arrestation immédiate, non pas pour leur rôle dans l'affaire Dreyfus, mais pour leur insurrection devant le jury de la Seine, du Boisdeffre et de ses suivants. »

Est-ce vrai encore, citoyen Jaurès? (*Vifs applaudissements*)

Voilà comment j'ai été dreyfusard, c'est-à-dire dans la limite de la lutte contre le militarisme débordé, allant jusqu'à menacer, sous le couvert d'un gouvernement complice, d'un véritable coup d'État. Et nous avons été ainsi jusqu'aux élections; et aux élections, -- s'il y a ici des camarades de Roubaix, ils pourront en témoigner, -- sur les murs j'ai été dénoncé comme acquis, comme vendu à Dreyfus. Est-ce que je me suis défendu contre une pareille accusation? (*Non! Non!*) Est-ce que j'ai pensé un seul instant qu'il y avait là un certain nombre de voix à perdre et qui allaient assurer le succès de mon adversaire? Non, camarades, pas plus alors que jamais, je ne me suis préoccupé des conséquences personnelles que pouvaient avoir mes actes, qui ont toujours été dirigés, déterminés, commandés par l'intérêt de la classe ouvrière que je représentais, -- et que j'entendais représenter seule, car sur les murailles de Roubaix il y avait, personne ne peut l'oublier: « Qu'aucun patron ne vote pour moi, qu'aucun capitaliste ne vote pour moi; je ne veux ni ne puis représenter les deux classes en lutte; je ne veux et ne puis être que l'homme de l'une contre l'autre. »

Voilà le mandat que je vous demandais, que vous m'aviez donné, et que j'ai rempli. (*Vifs applaudissements et bravos*)

DREYFUS ET LE PARTI SOCIALISTE

Mais le lendemain des élections tout avait changé; il ne s'agissait plus, cette fois, de brider le militarisme, il ne s'agissait plus de prendre au collet les généraux ou les colonels insurgés; il s'agissait d'engager à fond le prolétariat dans une lutte de personne.

Il y a, disait-on, -- et on l'a dit et écrit, non pas une fois, mais cent, non pas cent fois, mais mille, -- il y a une victime particulière qui a droit à une campagne spéciale et à une délivrance isolée; cette victime-là, c'est un des membres de la classe dirigeante, c'est un capitaine d'état-major; c'est l'homme qui, en pleine jeunesse, fort d'une richesse produit du vol opéré sur les ouvriers exploités par sa famille, et libre de devenir un homme utile, libre de faire servir la science qu'il doit à ses millions au bénéfice de l'humanité, a choisi ce qu'il appelle la carrière militaire. Il s'est dit: « Le développement intellectuel que j'ai reçu, les connaissances multiples que j'ai incarnées, je vais les employer à l'égorgement de mes semblables. » Elle était bien intéressante, cette victime-là! (*Vifs applaudissements.*)

Ah! je comprends bien que vous, les ouvriers, vous, les paysans, que l'on arrache à l'atelier, que l'on arrache à la charrue, pour leur mettre un uniforme sur le dos, pour leur mettre un fusil dans les mains, sous prétexte de patrie à défendre, vous ayez le droit et le devoir de crier vers nous, vers le prolétariat organisé, lorsque vous êtes frappés par cette épouvantable justice militaire, parce que vous n'êtes pas à la caserne de par votre volonté, parce que vous n'avez jamais accepté ni les règlements, ni l'organisation, ni la prétendue justice militaire que vous subissez ; mais lui, il savait ce qu'il avait devant lui lorsqu'il a choisi le métier des armes ; c'est de propos délibéré qu'il s'est engagé dans cette voie, partisan des conseils de guerre tant qu'il a cru qu'ils ne frapperaient que es prolétair x et que c'st lui, d rigeant, officier, qui mettrait contre eux en mouvement celle justice aveugle et à huis clos. Telle était la victime pour laquelle on avait la prétention de mobiliser tout l'effort prolétarien et socialiste...

Ah ! camarades, on a fait appel à des souvenirs... (*Applaudissemens.*) oh ! n'applaudissons pas, je vous prie, laissez-moi aller jusqu'au bout sans ajouter, par vos bravos, à ma fatigue ; on a fait appel à des souvenirs personnels, je demande à les compléter.

Jaurès vous a parlé, non pas d'un manifeste, mais d'une Déclaration du Conseil national du Parti ouvrier français.

Ce qu'il ne vous a pas dit, c'est qu'auparavant il y avait eu une espèce de conseil de guerre du socialisme ; il y avait eu, organisée par Millerand et par Viviani, une rencontre entre Jaurès, qui voulait non seulement entrer dans cette affaire Dreyfus, mais y engager tout le Parti, et nous qui étions d'un avis contraire.

C'est aux environs de Paris, dans une maison de campagne de Viviani, que nous nous sommes réunis tous un soir ; et, comme Vaillant n'avait pu être au rendez-vous, il avait écrit à Jaurès, l'avisant... — je fais encore ici appel à la mémoire de Jaurès...

Jaurès. — Mais je ne conteste pas la lettre de Vaillant, je constate qu'elle ne m'était pas adressée.

Guesde. — Soit. Laissant de côté l'intervention de Vaillant sous la forme d'une lettre à Jaurès, je dis qu'il y a eu, cette nuit-là, bien avant la déclaration du Conseil national, une réunion dans laquelle Millerand et Viviani, qui, pas plus que Vaillant et moi, ne voulaient alors que l'on entraînât le Parti socialiste derrière Dreyfus, se sont joints à moi pour vous dire : « Citoyen Jaurès, vous ne pouvez pas engager le Parti, vous n'avez pas le droit d'engager le Parti ». — et vous nous avez donné votre parole de ne faire qu'une campagne personnelle. (*Bravos.*)

Jaurès. — Je l'ai toujours dit.

Guesde. — Jaurès reconnaît que ce que je rapporte est l'exacte vérité ; si j'ai évoqué ces faits, ce n'est d'ailleurs que pour établir les responsabilités. Quand il vous parlait tout à l'heure de la Déclaration du Conseil national du Parti ouvrier comme ayant retiré pour ainsi dire nos troupes engagées. — ce qui constitue un acte de défection et de trahison sur tous les champs de bataille, — Jaurès oubliait de vous dire que la totalité des socialistes et des organisations consultés lui avait intimé l'ordre de ne pas engager le Parti socialiste derrière lui.

Lorsque notre Déclaration a paru, elle ne faisait donc que maintenir une décision qui avait toujours été la nôtre et qui exprimait la volonté concordante des différentes fractions socialistes.

Oh ! je pourrais aller plus loin dans ces détails personnels ; mais je m'arrête, estimant que ce que j'ai rappelé est suffisant, et je reviens à notre terrain de classe. Je dis que nous ne pouvons reconnaître à la bourgeoisie, lorsqu'une injustice frappe un des siens, le droit de s'adresser au prolétariat, de lui demander de cesser d'être lui-même, de combattre son propre combat, pour se mettre à la remorque des dirigeants les plus compromettants et les plus compromis ; car il est impossible de ne pas se souvenir que le principal meneur de cette campagne contre une iniquité individuelle, avait déposé un projet de loi qui était la pire des iniquités contre une classe ; révolté par un jugement de conseil de guerre qui aurait frappé un innocent, il n'avait pas craint de frapper sans jugement, tous les ouvriers et employés des chemins de fer, en voulant qu'avec le droit de grève on leur enlevât le moyen de défendre leur pain : c'était là l'homme de la vérité, c'était là l'homme de la justice ! et il aurait fallu que même les serfs des voies ferrées oubliassent le crime projeté contre leur classe pour faire cause commune avec M. Trarieux, avec M. Yves Guyot, avec la fine fleur des bourgeois exploiteurs (*Rires et applaudissements*) ou ayant théorisé l'exploitation des travailleurs ; il aurait fallu, et on aurait pu tout en maintenant la lutte de classe — coudre le prolétariat à cette queue de la bourgeoisie emprisonneuse, qui avait derrière elle la bourgeoisie fusilleuse de 1871 !

Ah non ! camarades. A ce moment-là, le Parti ouvrier a crié : Halte-là ! A ce moment il a rappelé les travailleurs à leur devoir de classe ; mais il ne leur prêchait pas le désintéressement ou l'abstention. La Déclaration portait en toutes lettres : Préparez-vous à retourner, contre la classe et la société capitaliste, les scandales d'un Panama militaire s'ajoutant aux scandales d'un Panama financier. Ce que nous voyions, en effet, dans l'affaire Dreyfus, c'était les hontes étalées qui atteignaient et ruinaient le régime lui-même. Il y avait là une arme nouvelle et puissante, dont on pouvait et dont on devait frapper toute la bourgeoisie, au lieu de mobiliser et d'immobiliser le prolétariat derrière une fraction bourgeoise contre l'autre...

Vous évoquiez tout à l'heure l'admirable révolutionnaire qu'était Liebknecht. Or, il a pris la parole dans cette affaire Dreyfus, et ç'a été, comme notre Parti ouvrier, pour désapprouver votre campagne :

« Je ne l'approuve pas, — vous écrivait-il, — je ne peux pas l'approuver, parce que vous avez porté de l'eau au moulin du militarisme, du nationalisme et de l'antisémitisme. »

C'est la vérité, camarades ; au bout de l'affaire Dreyfus, il n'y a pas eu de suppression des conseils de guerre, il n'y a pas eu la moindre modification à la justice militaire, il n'y a rien eu de ce qu'on vous promettait ; il y a eu un homme qui a été arraché à son rocher de l'île du Diable ; campagne personnelle, elle n'a eu qu'un résultat personnel. (*Mouvements divers.*)

L'EMBOURGEOISEMENT

Oh ! je me trompe, il y a eu quelque chose, et ce quelque chose, c'est Jaurès lui-même qui a eu le courage de le confesser. Il vous a dit : De l'affaire Dreyfus, de la campagne que j'ai menée avec un certain nombre de socialistes pour Dreyfus, il est sorti la collaboration d'un socialiste à un gouvernement bourgeois. Cela est vrai, citoyen Jaurès, et cela suffirait, en dehors du reste, pour condamner toute espèce de coopération socialiste à la campagne dont vous vous vantez.

Oui, il a fallu cette première déformation, il a fallu l'abandon de son terrain de classe par une partie du prolétariat pour qu'à un moment donné on ait pu présenter comme une victoire la pénétration dans un ministère d'un socialiste qui ne pouvait pas y faire la loi, d'un socialiste qui devait y être prisonnier, d'un socialiste qui n'était qu'un otage, d'un socialiste que M. Waldeck-Rousseau, très bon tacticien, a été prendre dans les rangs de l'opposition pour en faire une couverture, un bouclier, de façon à désarmer l'opposition socialiste (*Bravos*), de façon à empêcher les travailleurs de tirer non seulement sur Waldeck-Rousseau, mais de tirer sur Galliffet, parce qu'entre eux et Galliffet, il y avait la personne de Millerand. (*Nouveaux applaudissements*)

Ah ! vous dites et vous concluez que vous aviez raison dans la campagne Dreyfus parce qu'elle a conduit Millerand dans le cabinet Waldeck-Rousseau-Galliffet. Je dis, moi, que là est la condamnation définitive de cette campagne. Il a suffi qu'une première fois le Parti socialiste quittât fragmentairement son terrain de classe ; il a suffi qu'un jour il nouât une première alliance avec une fraction de la bourgeoisie, pour que sur cette pente glissante il menace de rouler jusqu'au bout. Pour une œuvre de justice et de réparation individuelle, il s'est mêlé à la classe ennemie, et le voilà maintenant entraîné à faire gouvernement commun avec cette classe.

Et la lutte de classe aboutissant ainsi à la collaboration des classes, cette nouvelle forme de coopérative réunissant dans le même gouvernement un homme qui, s'il est socialiste, doit poursuivre le renversement de la société capitaliste, et d'autres hommes, en majorité, dont le seul but est la conservation de la même société, on nous la donne comme un triomphe du prolétariat, comme indiquant la force acquise par le socialisme. Dans une certaine mesure, oui, comme le disait Lafargue. C'est parce que le socialisme est devenu une force et un danger pour la bourgeoisie, à laquelle il fait peur, que celle-ci a songé à s'introduire dans le prolétariat organisé pour le diviser et l'annuler ; mais ce n'est pas la conquête des pouvoirs publics par le socialisme, c'est la conquête d'un socialiste et de ses suivants par les pouvoirs publics de la bourgeoisie.

Et alors, nous avons vu, camarades, ce que j'espérais pour mon compte ne jamais voir, nous avons vu la classe ouvrière, qui a sa République à faire, comme elle a sa Révolution à faire, appelée à monter la garde autour de la République de ses maîtres, condamnée à défendre ce qu'on a appelé la civilisation capitaliste.

Je croyais, moi, que quand il y avait une civilisation supérieure sous l'horizon, que lorsque cette civilisation dépendait d'un prolétariat responsable de son affranchissement et de l'affranchissement général, c'était sur cette civilisation supérieure qu'on devait avoir les yeux obstinément tournés ; je croyais qu'il fallait être prêt à piétiner le prétendu ordre d'aujourd'hui pour faire ainsi place à l'autre.

Il paraît que non ; il paraît que les grands bourgeois de 1789 auraient dû se préoccuper de défendre l'ancien régime, sous prétexte des réformes réalisées au cours du dix-huitième siècle ; je croyais, moi, qu'ils avaient marché contre ce régime, qu'ils avaient tout balayé, le mauvais et le bon, le bon avec le mauvais ; et je croyais que le prolétariat ne serait pas moins révolutionnaire, que, classe providentielle à son tour, appelé à réaliser, à créer une société nouvelle, émancipatrice non plus de quelques-uns, mais de tous, il devait n'avoir d'autre mobile que son égoïsme de classe, parce que ses intérêts se confondent avec les intérêts généraux et définitifs de l'espèce humaine toute entière !

La nouvelle politique que l'on préconise au nom de la lutte de classe consisterait donc à organiser à part, sur son propre terrain, le prolétariat, et à l'apporter ensuite, comme une armée toute faite, à un quelconque des états-majors bourgeois. Alors que, abandonnée par les salariés, qui sortaient de ses rangs politiques au fur et à mesure de leur conscience de classe éveillée, la bourgeoisie se sentait perdue, on nous fait aujourd'hui un devoir, pour demain comme pour hier, de nous porter à son secours chaque fois que se produira une injustice, chaque fois qu'une tache viendra obscurcir son soleil.

Ah ! camarades, s'il vous fallait faire disparaître l'une après l'autre toutes ces taches, non seulement vos journées, mais vos nuits n'y suffiraient pas et vous n'aboutiriez pas à nettoyer ce qui est innettoyable ; mais, à ce travail de Pénélope, vous auriez prolongé la domination qui vous écrase, vous auriez éternisé l'ordre de choses d'aujourd'hui qui pèse sur vos épaules, après dix-huit mois de collaboration socialiste au pouvoir bourgeois, aussi lourdement qu'à l'époque des Méline, des Dupuy et des Périer !

COLLECTIVISME ET RÉVOLUTION

Il n'y a rien de changé et il ne peut rien y avoir de changé dans la société actuelle tant que la propriété capitaliste n'aura pas été supprimée et n'aura pas fait place à la propriété sociale, c'est-à-dire à votre propriété à vous.

Cette idée-là que, depuis vingt et quelques années, nous avons introduite dans tous les cerveaux ouvriers de France, doit rester l'unique directrice des cerveaux conquis et doit être étendue aux cerveaux d'à côté où la lumière socialiste ne s'est pas encore faite. C'est là notre tâche exclusive; il s'agit de recruter, d'augmenter la colonne d'assaut qui aura, avec l'État emporté de haute lutte, à prendre la Bastille bourgeoise comme a été prise la Bastille féodale; et malheur à nous si nous nous laissions arrêter le long de la route, attendant comme une aumône les prétendues réformes que l'intérêt même de la bourgeoisie est quelquefois de jeter à l'appétit de la foule, et qui ne sont et ne peuvent être que des trompe-la-faim. Nous sommes et ne pouvons être qu'un parti de révolution, parce que notre émancipation et l'émancipation de l'humanité ne peuvent s'opérer que révolutionnairement.

Nous détourner de cette lutte, camarades, c'est trahir, c'est déserter, c'est faire le jeu des bourgeois d'aujourd'hui qui savent bien, comme le disait Millerand à Lens, que le salariat n'est pas éternel, qui savent bien, comme l'a répété, comme un écho, Deschanel à Bordeaux, que le salariat est un phénomène provisoire... mais qui renvoient la disparition de cette dernière forme de l'esclavage à je ne sais quelle date plus éloignée que le paradis même des religions, qui au moins doit suivre immédiatement votre mort. Vous ne vous paierez pas de cette monnaie de promesses, vous êtes actuellement trop conscients et trop forts.

PAS DE CONFUSION

Mais Jaurès a été plus loin; il a essayé d'assimiler l'action électorale du socialisme emmanchant le suffrage universel comme un moyen de combat, à l'action ministérielle d'un socialiste emmanché comme ministre par la bourgeoisie gouvernementale. Il a été encore au delà, il a prétendu qu'en installant avec vos propres forces Carrette à l'hôtel de ville de Roubaix et Delory à l'hôtel de ville de Lille, vous aviez autorisé Millerand à accepter un morceau de pouvoir de la classe contre laquelle vous êtes obligés de lutter jusqu'à la victoire finale. Il vous a cité, d'autre part, certaines paroles de Liebknecht, qui aurait condamné en 1869 l'entrée des socialistes dans les parlements bourgeois, alors que la même année il se laissait porter avec Bebel dans le Reichstag de la Confédération de l'Allemagne du Nord; il vous a rappelé que Liebknecht a pénétré également dans le Landtag de Saxe alors qu'il y avait un serment à prêter et que Liebknecht disait : « Si nous n'étions pas capables de passer par-dessus cet obstacle de papier, nous ne serions pas des révolutionnaires. »

Quel rapport est-il possible d'établir entre les deux situations ? Pour entrer dans le Reichstag de la Confédération de l'Allemagne du Nord, il fallait y être porté par les camarades ouvriers organisés ; il fallait y entrer par la brèche ouverte de la démocratie socialiste ; on était le fondé de pouvoir de sa classe. Il fallait pour le Landtag de Saxe, prêter serment, sans doute ; mais ce serment dérisoire, comme celui que Gambetta devait prêter à l'Empire, n'empêchait pas que ce fût en ennemi qu'on s'introduisait dans l'Assemblée élective, comme un boulet envoyé par le canon populaire... Et vous osez soutenir que les conditions seraient les mêmes de Millerand acceptant un portefeuille de Waldeck-Rousseau ? C'est le prolétariat, paraît-il, qui, l'année dernière, a donné un tel coup d'épaule électoral que la brèche a été faite par laquelle Millerand a passé ? Une pareille thèse n'est pas soutenable. Il est arrivé au gouvernement appelé par la bourgeoisie gouvernementale. (*Applaudissements et bravos*). Il y est arrivé dans l'intérêt de la bourgeoisie gouvernementale qui, autrement n'aurait pas fait appel à son concours. On pouvait constituer un ministère, même de plus de défense républicaine que celui dont nous jouissons depuis dix-huit mois, sans qu'un socialiste en fît partie. Vous avez parlé du cabinet Bourgeois; il n'y avait pas de socialiste dans ce cabinet, et il a fait, on peut l'affirmer, une œuvre plus républicaine que le cabinet d'aujourd'hui. Une preuve, entre autres, c'est que la loi sur les successions, votée alors, n'a pas trouvé grâce devant le gouvernement de défense républicaine de l'heure présente, qui compte un socialiste, et qui a lâché une partie de la réforme d'alors (*Bravos*).

Camarades, le jour où le Parti socialiste, le jour où le prolétariat organisé comprendrait et pratiquerait la lutte des classe sous la forme du partage du pouvoir politique avec la classe capitaliste, ce jour-là il n'y aurait plus de socialisme ; ce jour-à il n'y aurait plus de prolétariat capable d'affranchissement ; ce jour-là, les travailleurs seraient redevenus ce qu'ils étaient, il y a vingt-deux ans, lorsqu'ils répondaient, soit à l'appel de la bourgeoisie opportuniste contre la bourgeoisie monarchiste, soit à l'appel de la bourgeoise radicale contre la bourgeoisie opportuniste ; ils ne seraient plus qu'une classe, qu'un parti à la suite, domestiqué, sans raison d'être et surtout sans avenir.

EN COMBATTANT

Je me souviens d'un parti républicain dont j'ai été, le vieux parti républicain, qui se refusait au genre de compromission que l'on voudrait imposer aujourd'hui à notre Parti socialiste. L'Empire ayant fait appel, réellement appel à un des Cinq, à Emile Ollivier, quoiqu'il s'agît alors de transformer, ce qui était possible, l'Empire dictatorial en Empire libéral, quoiqu'il y eût au bout de cette collaboration d'un républicain au gouvernement de Bonaparte la liberté de réunion et de presse et le droit de coalition ouvrière, malgré tout, à l'unanimité, la bourgeoisie républicaine plus intransigeante, possédant sur ses élus une maîtrise plus complète, n'hésita pas à exécuter comme traître M. Émile Ollivier.

N'aurions-nous donc ni l'énergie ni la conscience des républicains bourgeois de la fin de l'Empire? Ce n'est d'ailleurs là que la partie incidente de mon rappel au passé. Ce que je voulais mettre en lumière, c'est que le parti républicain sous l'Empire, comme le Parti socialiste aujourd'hui, disait : « Il faut faire la République, mais il faut y marcher en combattant. »

Cela n'a pas duré longtemps. Un homme est venu, c'était Gambetta, et je me rappelle qu'en 1876, à Belleville, il prononçait les paroles suivantes : « Je ne connais que deux manières d'arriver à son but, en négociant ou en combattant ; je ne suis pas pour la bataille. »

C'était là l'arrêt de mort du vieux parti républicain ; l'opportunisme était né, et l'opportunisme républicain, c'était la stérilité républicaine, c'était l'avortement républicain, incapable en trente années d'aboutir même aux réformes politiques qui sont un fait accompli par delà nos frontières, aux États-Unis d'Amérique ou dans la République Helvétique; c'était, je le répète, la mort du parti républicain bourgeois ! Eh bien, aujourd'hui, nous nous trouvons, nous, parti de classe, nous parti socialiste, avec des responsabilités plus grandes, avec des nécessités qui s'imposent plus impérieusement, devant les deux mêmes politiques : les uns préconisant la prise du pouvoir politique en combattant, les autres poursuivant cette prise du pouvoir partiellement, fragmentairement, homme par homme, portefeuille par portefeuille, en négociant.

Nous ne sommes pas pour le négoce : la lutte de classe interdit le commerce de classe; nous ne voulons pas de ce commerce-là ; et si vous en vouliez, camarades de l'usine, camarades de l'atelier, prolétaires qui avez une mission à remplir, la plus haute mission qui se soit jamais imposée à une classe, le jour où vous accepteriez la méthode nouvelle, ce jour-là, non seulement vous auriez fait un marché de dupes, mais vous auriez soufflé sur la grande espérance de rénovation qui aujourd'hui met debout le monde du travail...

CLASSE CONTRE CLASSE

Aujourd'hui ce qui fait la force, l'irrésistibilité du mouvement socialiste, c'est la communion de tous les travailleurs organisés poursuivant, à travers les formes gouvernementales les plus divergentes, le même but par le même moyen : l'expropriation économique de la classe capitaliste par son expropriation politique.

Cette unité socialiste, jaillie des mêmes conditions économiques, serait brisée à tout jamais le jour où au lieu de ne compter que sur vous-mêmes, vous subordonneriez votre action à un morceau de la classe ennemie, qui ne saurait se joindre à nous que pour nous arracher à notre véritable et nécessaire champ de bataille.

La Révolution qui vous incombe n'est possible que dans la mesure où vous resterez vous-mêmes, classe contre classe, ne connaissant pas et ne voulant pas connaître les divisions qui peuvent exister dans le monde capitaliste. C'est la concurrence économique qui est la loi de sa production, et c'est la concurrence politique ou les divisions politiques qui, soigneusement entretenues, lui permettent de prolonger sa misérable existence.

Si la classe capitaliste ne formait qu'un seul parti politique, elle aurait été définitivement écrasée à la première défaite subie dans ses conflits avec la classe prolétarienne. Mais on s'est divisé en bourgeoisie monarchiste et en bourgeoisie républicaine, en bourgeoisie cléricale et en bourgeoisie libre penseuse, de façon à ce qu'une fraction vaincue pût toujours être remplacée au pouvoir par une autre fraction de la même classe également ennemie.

C'est le navire à cloisons étanches qui peut faire eau d'un côté et qui n'en continue pas moins à flotter insubmersible. Et ce navire-là, ce sont les galères du prolétariat sur lesquelles c'est vous qui ramez et qui peinez, et qui peinerez et qui ramerez toujours, tant que n'aura pas été coulé, sans distinction de pilote, le vaisseau qui porte la classe capitaliste et sa fortune, c'est-à-dire les profits réalisés sur votre misère et sur votre servitude. (*Applaudissements et bravos répétés.*)

167

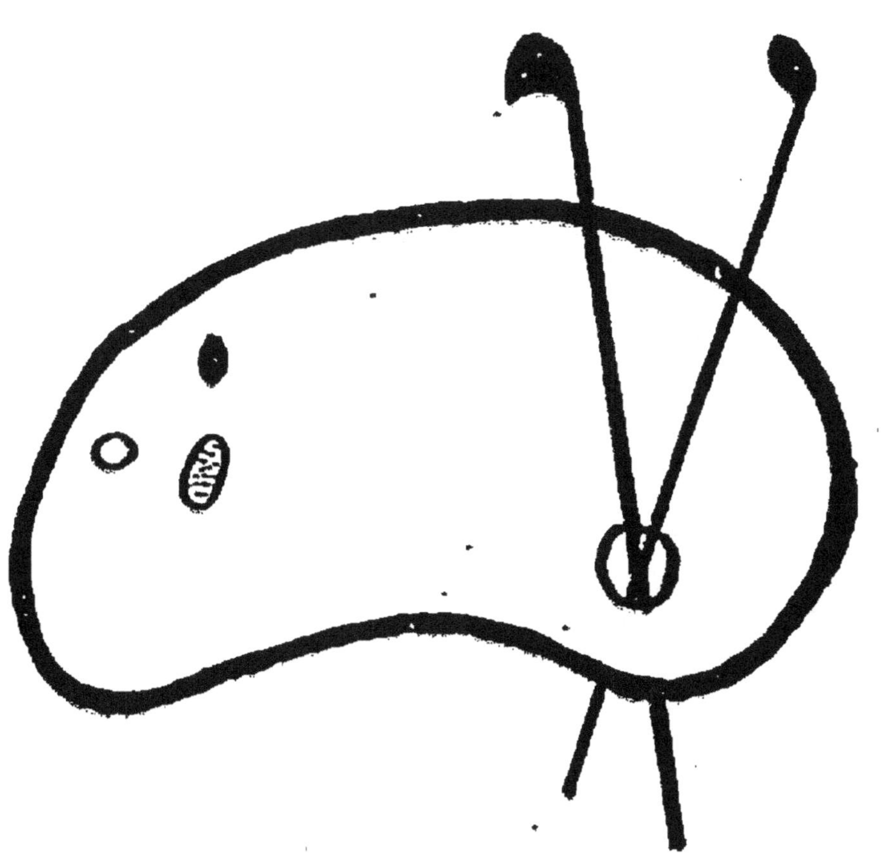

ORIGINAL EN COULEUR
NF Z 43-120-8